JN217832

民法改正

ここだけ押さえよう！

―司法書士が「債権法改正」を
やさしく教えます

日本司法書士会連合会 編

中央経済社

PART 1 「民法」ってなに？
PART 2 「改正民法」ってどんなもの？
PART 3 「改正民法」でなにが変わった？
PART 4 「改正民法」このあたりも気になる！

発刊にあたって

民事の基本法である民法は、その制定から約120年が経過しており、一定の見直しが必要であるという声が多くなっていました。そこで、主に契約を規律する部分についての内容を現代社会に適合するよう、長期間にわたり様々な角度からの検討がなされ、今般、民法（債権法分野）の改正が結実いたしました。

まずは、ここに至るまで、ご努力をなされた関係者各位に心から敬意を表したいと思います。

民法は、私たち法律専門職だけではなく、国民一人一人の日常生活や経済的活動に直結するものであるといえます。したがいまして、その内容を広く一般に周知する活動を行うことは、法律専門職としての使命であり、特に「国民の身近なくらしの中の法律家」を標榜いたします司法書士としては、できる限りわかりやすい内容と方法でこれを行うことは必須のことと考えます。

本書では、民法とはどのような法律であるのかを知っていただくためにその歴史や位置づけを手始めとし、民法とその適用を受ける様々な場面をわかりやすく解説することに努めています。特に国民のみなさまにとっての身近な法律問題に関連する事項のうち、ここだけは押さえておきたいと思われる内容を取り上げています。つまり、法律専門職だけではなく、広く国民のみなさまに新しい民法を正しくご理解いただくことが本書の最大の目的であるといえます。

ぜひ多くのみなさまに本書をお読みいただき、より安心して日常生活を送っていただき、また、より円滑な経済活動を営まれるようお役立ていただければと思います。

平成30年３月

日本司法書士会連合会
会長　今川嘉典

はしがき

現行の民法（本書では「現行民法」といいます）のうち、契約などのいわゆる債権に関する部分についての抜本的な改正（本書では「改正民法」といいます）がなされ、2020年４月１日から施行されることが決定しました。

本書は、改正民法について、日本司法書士会連合会が市民のみなさま向けに刊行する解説書の第３弾となります。また、司法書士をはじめとする法律専門家が短時間で改正民法のポイントを理解するためにも有用なものであると思いますし、本書を市民向けのセミナー等でのテキストとすることも念頭に置いています。

本書は、どこからでも読めるようにということからＱ＆Ａ形式を採用するとともに、イメージをもっていただくということから随所にイラストを挿入しています。

内容面では大きく４つのパートで構成していますが、具体的には、「Part１　「民法」ってなに？」では、民法の基本的な部分について取り上げています。「Part２　「改正民法」ってどんなもの？」では、改正民法のアウトラインについて説明しています。「Part３　「改正民法」でなにが変わった？」では、改正民法における主な改正事項について取り上げています。「Part４　「改正民法」このあたりも気になる！」では、改正民法に関連する事項について取り上げています。

多くの方々が本書を手にとっていただき、改正民法への理解を深めていただければ幸いです。

最後になりますが、本書の刊行にご尽力いただきました関係者の方々に心より敬意と感謝を申し上げます。

平成30年３月

日本司法書士会連合会　副会長
同　民事法改正対策部　部長　小澤吉徳

目次
CONTENTS

目次
CONTENTS

目次
CONTENTS

PART 1

「民法」ってなに？

このパートでは、私たちの生活に密接にかかわる民法の基本について説明します。

1－❶

民法はくらしのための基本ルール！
——民法の位置づけ

Q 民法とは、どのような法律でしょうか？

A 「私法」の「一般法」という性質を持つ、日常の生活やビジネスの基本となる法律です。

ポイントレッスン　民法の位置づけ

民法は、私法（市民同士のルール）の一般法（幅広く用いられる法律）として重要な基本法です。また、民法には数多くの特別法（特定の場面に用いられる法律）が設けられています。

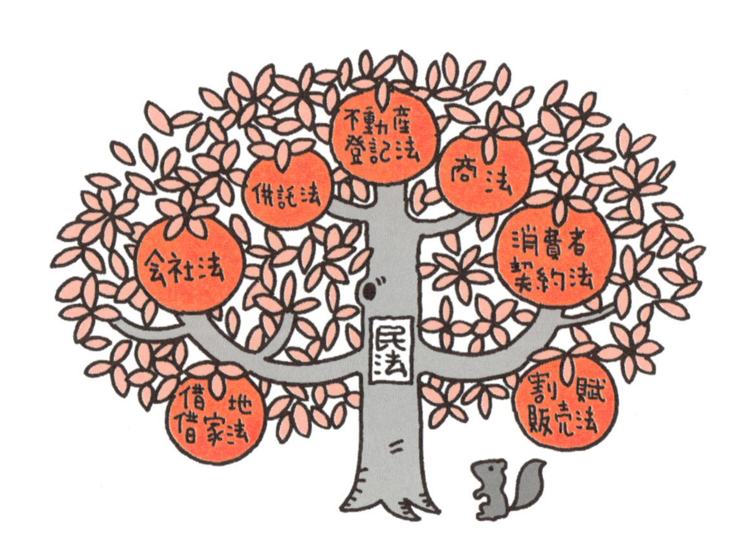

私たちは自由に活動をすることが認められていますが、それぞれの人々が円滑に生活を送るためには、一定のルールが必要になります。そのルールとして、重要なものが民法に定められています。

民法には、私たちが望んだ場合に、自らの意思で義務を負うという考え方が根底にあります。このような考え方を「**私的自治の原則**」といいます。さらに、この「私的自治の原則」から、契約を締結するかしないかや、どのような内容の契約とするかは当事者にゆだねられる「**契約自由の原則**」というものがあります。

民法のように、市民の生活について定めた法律を「**私法**」といい、憲法や行政法などのように、国と個人との関係について定めた法律である「**公法**」とは区別されています。これらの区別によって、適用すべき法原理や訴訟等の手続に違いが生じてきます。

「私法」の中でも、民法の規定のうち、さらに特定の場面についての権利関係を定めた法律を「**特別法**」と呼んでいます。それに対して民法を「**一般法**」と呼んでいます。民法が規定するルールは、とても広範になりますので、民法は数多くの「特別法」に対する「一般法」となっています。したがいまして、一般法である民法が改正されると、数多くの特別法も修正が必要になります。

1－②

民法は5つのパートから！
――民法の編成

Q 民法の内容は、おおまかにいってどのようになっているのでしょうか？

A 現行民法は「総則」、「物権」、「債権」、「親族」、「相続」の５つのパートにわかれています。改正民法も５つのパートによる編成は変わりません。

ポイントレッスン　民法の編成

現行民法は、「総則」、「物権」、「債権」、「親族」、「相続」の５つのパートで編成されていますが、改正民法もこの形式に変更はありません。

民法では、人と物との関係のルールを「**物権**（ぶっけん）」として規定しています。この「物権」には、物を所有する権利（所有権）だけでなく、物を利用する権利（用益権（ようえきけん））や物の価値を把握する権利（担保権（たんぽけん））についても定められています。

人と人との関係のルールを「**債権**（さいけん）」として規定しています。「債権」には、契約により権利義務が発生した際のルール（契約）のほか、他人からの侵害によって権利義務が発生した際のルール（不法行為）や、契約によらずに一定の行為をしたことによって権利義務が発生した際のルール（事務管理）、法律上の原因がないにもかかわらず権利義務が発生した際のルール（不当利得（ふとうりとく））が定められています。なお、「物権」と「債権」とを合わせて、「財産法」と総称されています。

後半の部分には、婚姻や親子関係などについて定めた「**親族**」と、相続や遺言（いごん）などについて定めた「**相続**」が規定されています。なお、「親族」と「相続」とを合わせて、「家族法」と総称されています。

現行民法では、すべてに共通の規定がある場合に同じ規定を繰り返すことを避けて、ひとくくりにして先出しする「**パンデクテン**」という方式がとられています。そのため、「物権」、「債権」、「親族」、「相続」の前提として全編に共通するルールとなる「**総則**」が定められています。この方式は改正民法でも変わりありません。

改正民法は、条文の数は増えますが、５つのパート編成は変わりません。

現行民法のパート

第１編　総則	
第１章	通則
第２章	人
第３章	法人
第４章	物
第５章	法律行為
第６章	期間の計算
第７章	時効
第２編　物権	
第１章	総則
第２章	占有権
第３章	所有権
第４章	地上権
第５章	永小作権
第６章	地役権
第７章	留置権
第８章	先取特権
第９章	質権
第10章	抵当権
第３編　債権	
第１章	総則
第２章	契約
第３章	事務管理
第４章	不当利得
第５章	不法行為
第４編　親族	
第１章	総則
第２章	婚姻
第３章	親子
第４章	親権
第５章	後見
第６章	保佐及び補助
第７章	扶養
第５編　相続	
第１章	総則
第２章	相続人
第３章	相続の効力
第４章	相続の承認及び放棄
第５章	財産分離
第６章	相続人の不存在
第７章	遺言
第８章	遺留分

これまでにもあった民法の改正！
――民法の歴史

民法は、いつできて、今までどのような改正がされてきたのでしょうか？

A

日本の民法は、明治時代にできました。家族法のパートは、戦後、全面的に改正されましたが、財産法のパートは、部分的な修正がされたにとどまっていました。

ポイントレッスン　民法の歴史

明治時代にベースができた現行民法は、これまで家族法のパート（親族・相続）に大きな改正がありましたが、その他の部分はマイナーチェンジにより対応してきました。

今からさかのぼること約120年前の明治29（1896）年に現行民法ができました。

第２次世界大戦後の昭和22（1947）年には、家族法のパートについて、家督相続制度の廃止や妻の行為制限の廃止といった、アメリカの影響を強く受けたかたちでの全面的な改正がされました。

昭和46（1971）年には、担保物権の１つとして根抵当権に関する規定が誕生しました。この改正は司法書士の業務と深く関連する不動産登記にも大きく影響を与えることになりました。

平成11（1999）年には、禁治産者制度が廃止され、成年後見制度が創設されました。あわせて任意後見に関する特別法も制定されました。

平成16（2004）年には、財産法のパートについて、カタカナ文語体から平がな口語体へと修正され、読みやすくなりました。同時に、保

証制度が見直され、保証契約は書面でしなければならないとされました。また、当時、社会問題となっていた貸金の根保証（ねほしょう）についての規定も加えられました。

平成18（2006）年には、民法で規定されていた公益法人の分野についての大きな改正がなされました。

民法とその特別法のあゆみ

<民法に関する制定・改正>

明治31（1898）年	現行民法の施行
昭和22（1947）年	家族法の全面的な見直し
昭和46（1971）年	根抵当権に関する規定の創設
平成11（1999）年	成年後見に関する規定の創設
平成16（2004）年	条文の現代語化
	保証に関する規定の見直し
平成18（2006）年	法人に関する規定の全面的な見直し

<民法の特別法の制定・改正>

明治32（1899）年	「不動産登記法」の制定
	「商法」の制定
大正10（1921）年	「借地法」、「借家法」の制定
昭和37（1962）年	「建物の区分所有等に関する法律」の制定
平成3（1991）年	「借地借家法」の制定
平成10（1998）年	「債権譲渡の対抗要件に関する民法の特例等に関する法律」の制定*
平成11（1999）年	「任意後見契約に関する法律」の制定
平成12（2000）年	「消費者契約法」の制定
平成16（2004）年	「不動産登記法」の全面的な見直し
平成17（2005）年	「会社法」の制定
平成18（2006）年	「一般社団法人及び一般財団法人に関する法律」等の制定

＊平成17年「動産及び債権の譲渡の対抗要件に関する民法の特例等に関する法律」に改正

当事者の合意で民法は変えられる？
――規定の修正と適用

民法で決められたルールは、当事者の合意で変えることができるのでしょうか？

当事者の合意で変更できる規定と、当事者の合意があったとしても変更することができない規定とがあります。

ポイントレッスン　規定の修正と適用

いわゆる強行規定については当事者の合意により変更することはできませんが、任意規定については当事者の合意により変更することができます。

任意規定について

「家賃の支払いは月初でお願いします。」
→現行民法614条「賃料は、動産、建物及び宅地については毎月末に、支払わなければならない。」は任意規定のため変更可。

たとえば、友人がお金を借りる際に、保証人になってほしいと言われ、断りきれずに保証人になってしまったというときの保証人の権利や義務についてのルールは、民法に決められています。

民法のルールには、弱者保護や法的な安定性という点から、当事者が合意によって規定を修正することができない**強行規定**（きょうこうきてい）といわれるものと、私的自治の原則（1－①／P3）にしたがい、公の秩序を乱すようなことがなければ、当事者の合意によって規定を修正することができる**任意規定**（にんいきてい）といわれるものがあります。

民法の特別法がある場合には、まず、特別法が優先して適用されることになり、特別法がない場合には、一般法である民法の規定が適用されることになります（1－①／P3）。

ちなみに、特別法の多くは、強行規定です。

強行規定について

「消滅時効についての契約条項を変更しましょう。」
→現行民法146条「時効の利益は、あらかじめ放棄することができない。」は強行規定のため、変更不可。

PART 2

「改正民法」ってどんなもの？

このパートでは、
改正民法のアウトライン
について説明します。

2－❶

なぜ民法を変えるの？
――改正の理由

Q 今、民法を変えるのはなぜでしょうか？

A 現行民法が誕生してから約120年が経過し、現代の社会や経済とあわなくなっていることや、規定の仕方がわかりづらいということで、見直しをすることになりました。

ポイントレッスン　改正の理由

現行民法は、現代の社会にマッチしていなかったり、意味内容がわかりづらいところもあることから、債権の分野について、今回思い切った全面的な見直しがなされることになりました。

現行民法ができた時代から社会や経済は大きく変動しています（1－③／P6）。たとえば、現行民法ができた時代は売主と買主が直接会って、売買契約を結んでいましたが、インターネットが発達した現代では、買主は売主と会わずに商品を購入することは珍しくありませんし、代金も手渡しではなく銀行振込により支払うケースも増えています。また、取引の内容も複雑になり、**約款**（やっかん）を利用した契約も少なくありませんが、現行民法には約款についてのルールそのものがありません。

さらに、現行民法は、条文自体がわかりにくいという指摘がなされています。たとえば、現行民法474条では、「債務の弁済は、第三者もすることができる。」と規定されています。お金の貸し借りで、借主である債務者は当然にお金を返す義務を負いますが、これは当然ということで規定が設けられておらず、いきなり第三者が弁済できる旨が規定されています。そこで、改正民法では、「債務者が債権者に対して債務の弁済をしたときは、その債権は消滅する」という前提となるルールを明らかにすることで、わかりやすいものにしようとしています。

つまり、現代の社会や生活にマッチした国民にわかりやすい民法に改めることが今回の改正の目的ということになります。

民法のどこが変わるの？
――改正の範囲

Q

民法のどの部分が改正されるのでしょうか？

現行民法のうち、契約を中心に債権に関するルールが改正されます。

ポイントレッスン　改正の範囲

改正民法は、債権のうち契約に関する部分を対象としています。ただし、見直しをする部分と密接に関連するところについては、必要に応じた修正等をしています。

今回の改正では現行民法の全部ではなく、人と人との契約に関するルールを中心に見直しがなされました。具体的には、**「総則」の一部と「債権」の大部分**です。

現行民法では、判断能力が不十分な人の法律関係について定めた**成年後見制度**や、交通事故による損害賠償について定めた**不法行為**などの重要なルールも、その一部が「総則」や「債権」の中にあります。これらについては、契約関係ではないので、必要に応じて見直しがなされました。たとえば不法行為に関する**消滅時効**や**法定利率**については、「総則」や「債権」と密接に関連していますので、その部分のルールの見直しがなされています（3－④／P28、3－⑦／P34、3－⑧／P36）。

改正の対象

○…改正の対象
×…改正の対象外（ただし、一部修正箇所あり）
△…必要に応じて修正

編	章	改正
第１編　総則	第１章　総則	×
	第２章　人	×
	第３章　法人	×
	第４章　物	×
	第５章　法律行為	○
	第６章　期間の計算	○
	第７章　時効	○
第２編　物権		×
第３編　債権	第１章　総則	○
	第２章　契約	○
	第３章　事務管理	△
	第４章　不当利得	△
	第５章　不法行為	△
第４編　親族		×
第５編　相続		×

改正民法が施行されるのはいつ？ ——改正までの経緯と今後

Q 改正民法が施行されるのはいつからでしょうか？

A 平成32（2020）年４月１日から施行されます。

改正までの経緯と今後

民法は国民生活に大きな影響を与える基本的な法律であるということを踏まえ、改正民法は約３年の周知期間を経て、平成32（2020）年４月１日に施行されます。

改正の経緯と今後

- 平成21（2009）年10月 法制審に諮問
- 平成21（2009）年11月～平成27（2015）年２月 法制審で審議
- 平成27（2015）年２月 法制審から要綱の答申
- 平成27（2015）年３月 法案提出
- 平成29（2017）年５月 可決・成立
- 平成29（2017）年６月２日 公布
- 平成32（2020）年４月１日 施行

平成21（2009）年10月に民法の債権関係に関して、法務大臣からその諮問機関である法制審議会に諮問（調査を求めること）され、法制審議会の民法（債権関係）部会で６年以上の月日をかけて議論がなされました（計99回の会議）。議論の結果については、平成27（2015）年２月に法制審議会から法務大臣に対し要綱（おおまかな内容のまとめ）というかたちで答申がなされました。

その要綱を受け、法務省が法律の原案（法案）を作成し、内閣法制局の審査後、平成27（2015）年３月に国会に提出され、国会での審議が開始しました。その後、政治の状況等により継続審議が続きましたが、平成29（2017）年４月14日に衆議院で可決し、同年５月26日に参議院で可決・成立しました。

国会で成立した改正民法は、同年６月２日付の「官報」に掲載され公布となり、政令により平成32（2020）年４月１日に施行されることとなりました。

法律の公布から施行まで約３年あり、少し先と感じるかも知れませんが、民法は国民のくらしやビジネスに大きな影響を与えることになりますから、周知するまで一定程度の期間は必要であるとされたものと思われます。

改正では司法書士も頑張った！
――司法書士の動き

司法書士は、改正民法に関してどのような活動をしてきたのでしょうか？

A

契約や登記に与える影響を検討したうえで、意見を述べたり、改正民法に関する解説をホームページにアップし、市民への普及に努めてきました。

ポイントレッスン　司法書士の動き

司法書士は、これまで改正民法に関する研究・検討を進め、情報発信をしてきましたが、これからも改正民法の運用に向けて、市民への普及と実務対応に積極的に取り組んでいきます。

司法書士は国家資格であり、①土地や建物の名義変更等（**不動産登記**）、②会社の設立や役員変更等（**商業登記**）、③認知症の方の財産管理等（**成年後見**）、④売掛金回収や敷金返還請求などの裁判書類の作成や140万円以内の訴訟代理等（**裁判事務**）などの業務を行っています。これらの業務は深く民法に関わっていることから、司法書士は日々の業務で民法に接しているといえます。また、司法書士は全員が司法書士会に所属し、その司法書士会を束ねているのが**日本司法書士会連合会**（日司連）です。

日司連では、今回の改正民法を重点課題に掲げ、精力的に取り組んできました。平成21（2009）年6月に改正民法に関する委員会を立ち上げ、実務に即した意見をタイムリーに発信してきました。

このほか、シンポジウムを開催し、改正民法についての課題等を探ってきました。また、改正民法をわかりやすく市民の方々に伝えるために、ホームページで市民目線での民法に関する情報をアップしてきました。なお、委員会等で検討した内容を、全国の司法書士に周知することを目的とした研修会の開催にも積極的に取り組んでいます。

PART 3

「改正民法」でなにが変わった？

このパートでは、
改正民法の主要な改正点を
わかりやすく説明します。

3－①

「無効」から「取消し」への変更！——錯誤

Q　意思表示に誤りがあった場合、どうなるのでしょうか？

A　意思表示に誤り（錯誤）があった場合には、取り消すことができるものとされます。

ポイントレッスン　錯誤

意思表示に誤り（錯誤）があった場合、これまでは無効という取扱いでしたが、その意思表示を「取消し」することができるように変わります。

現行民法では、たとえば、時計を10万円で売ろうとしたところ、誤って1万円と値札に書いてしまった場合（**表示の錯誤**）、無効ということになります。また、近くに駅ができると聞き、便利になるだろうと思って土地を買いましたが、その話がでたらめだった場合、「近くに駅ができると聞いたのでこの土地を買いたい」というように動機が法律行為の基礎として意思表示に含まれていたとき（**動機の錯誤**）には無効になります。このように、錯誤による無効が成立するためには、**要素の錯誤**（重要な部分での誤り）が必要であるとされています。

改正民法では、錯誤による無効は当事者が主張する点に着目し、「取消し」と類似しているため、取り消すことができると改められます。また、錯誤の要件である「要素」を「法律行為の基礎とした事情」とし、一定の場合には動機の錯誤も取り消せることが明文化されています。

ただし、意思表示をした人に重大な過失があった場合には、取り消すことができませんが、例外として、相手方が錯誤に陥っていることを知っていた場合（**悪意**）、知らなかったことについて重大な過失があった場合（**重過失**）や、相手方が意思表示した人と同様に錯誤に陥っていた場合には取り消すことができます。

第三者との関係では、意思表示をした人が錯誤に陥っていることを知らず、かつ知らないことについて過失がない（**善意無過失**）第三者に対しては、取消しを主張することができないとし、これまでの解釈が明文化されています。

現行民法　95条
改正民法　95条

3－②

代理人と取消しの関係がはっきりした！ ——代理

Q

代理してもらった場合、代理人に問題があったときはどうなるのでしょうか？

A

代理人に問題があった場合、一定の要件の下、取り消すことができるようになります。

ポイントレッスン 代理

代理人が被後見人などの制限行為能力者である場合には、その代理人のした行為を取り消すことができます。

現行民法では、たとえば代理人が詐欺を行ったような場合、本人（委任者）が詐欺の事実を知っていたか否かや、知ることができたか否かにかかわらず取り消すことができるとされています。

改正民法では、代理人が相手方に対して行った意思表示について、意思の不存在・詐欺・強迫に基づく場合には、その事実を知っていたのか否かや、過失なく知らなかったのか否かは代理人を基準にして判断して、取り消せるかどうかが決まることになります。

現行民法では、**制限行為能力者**（成年被後見人や被保佐人等）を代理人とすることもできるとしていますが、この場合、代理人の行為能力の制限を理由として取り消すことはできません。しかし、超高齢社会を迎え、制限行為能力者は増加していますので、夫が妻の後見人であるような場合、夫が認知症を発症し、夫自身も成年被後見人となることも想定されます。このような場合にまで取消しを認めないとすると、妻に不利益となるおそれがでてきます。そこで改正民法では、制限行為能力者が**法定代理人**となっている場合には取り消せるということになります。

現行民法　101条・102条・105条・106条
改正民法　101条・102条・105条

3－③

取消しのルールがわかりやすく！
――取消し

法律行為を取り消した場合には、どうなるのでしょうか？

元どおりにするといったように具体的な処理の方法が規定され、わかりやすいものとなります。

ポイントレッスン　取消し

ある行為が取り消され無効となった場合、原状に回復するのを原則としながら、その行為が有償か無償か、相手が善意か悪意か、そして行為者に意思能力等があるかないかで、回復すべき範囲が変わります。

原状回復の範囲

	全部の返還	現存利益内の返還
有償行為で相手方が善意	○	
有償行為で相手方が悪意	○	
無償行為で相手方が善意		○
無償行為で相手方が悪意	○	
意思無能力者・制限行為能力者		○

現行民法では、法律行為が取り消されると初めから無効とすると規定されています。また、未成年者等の**制限行為能力者**は、利益を受けている限度で返還の義務を負うとのみ規定されています。

一方、制限行為能力者でない場合ですと、法律上の原因がなく他人の財産または労務によって利益を受けたとして、利益が存在する限度または受けた利益に利息を付けて返還させるという**不当利得**のルールを適用して処理されています。

改正民法では、①原状回復（原則）、②無償行為については相手方が善意（無効事由や取消事由があると知らなかった）であれば、現在残っている利益（**現存利益**）の範囲内で返還、③**意思無能力者**や制限行為能力者は現存利益の範囲内で返還、ということが明確に規定されています。

現行民法　121条・122条
改正民法　121条・121条の２・122条

時効の期間は10年、5年ですっきり！
――消滅時効(1)：時効期間

Q 消滅時効（しょうめつじこう）の期間はこれまでより短くなるのでしょうか？

A これまで10年間として定められていた一般的な消滅時効の期間は、最短で５年に短縮されます。

ポイントレッスン　消滅時効(1)：時効期間

消滅時効は、権利を行使できる時から10年、もしくは権利を行使できることを知ったときから５年で成立することになります。また、職業別の短期の消滅時効の制度は廃止されます。

各種の消滅時効期間

現行民法	具体例	期間
原　則	知人より借りたお金	10年
設計･施工･監理を業とする者の工事に関する債権	建物の設計・工事を依頼したときの代金	３年
学芸・技能の教育を行う者が生徒の教育・衣食・寄宿の代価に関する債権	ピアノ、習字教室などの月謝	２年
衣料・器具などの動産の使用料に関する債権	レンタルCD店のレンタル料	１年

⇒

改正民法
■権利を行使できることを知ったときから５年 ■権利を行使できるときから10年（人の生命・身体侵害による損害賠償については20年間）

貸したお金の返済を請求するなどの権利（債権）は、一定の期間を過ぎてしまうと、請求ができなくなることがあります。この制度のことを**消滅時効**（しょうめつじこう）といい、現行民法では**権利を行使できるときから10年間**を経過し、相手方が時効を主張すると（**時効の援用**（えんよう））、権利が消滅することになります。この時効制度は、権利を行使できるにもかかわらず長期間にわたり放置している債権者は保護に値しないということによるものです。

現行民法では消滅時効の期間を、たとえば飲み屋のツケは1年、建築の工事代金は3年などのように、債権の種類に応じて細かくわけて規定しています。しかし、このような区分は複雑でわかりにくいことから、改正民法では、これらを廃止しました。

改正民法では、権利を行使できるときから10年間（**客観的な時効期間**）と、権利を行使できることを**知ったときから**5年間（**主観的な時効期間**）の2段構えのルールに変更されることになります。

現行民法　144条～146条・166条～174条の2
改正民法　144条～146条・166条～169条

時効の表現が刷新！
――消滅時効(2)：時効の更新・完成猶予

現行民法で定められている「時効の中断」や「時効の停止」はどのようになるのでしょうか？

「時効の中断」が「時効の更新」に、「時効の停止」が「時効の完成猶予」に改められ、用語がわかりやすくなります。

ポイントレッスン　消滅時効(2)：時効の更新・完成猶予

時効の中断を「時効の更新」、時効の停止を「時効の完成猶予」という表現に改められます。また、仮差押えと仮処分は、あくまで「時効の完成猶予」として定められています。

時効の更新・完成猶予の一覧（主なもの）

現行民法		改正民法
○時効の中断	→	○時効の更新
・裁判上の請求		・裁判上の請求
・差押え		・差押え
・仮差押え		
・仮処分		
・債務の承認		・債務の承認
○時効の停止		○時効の完成猶予
		・仮差押え（６か月）
		・仮処分（６か月）
・催告（６か月）		・催告（６か月）

消滅時効は、権利を長期間行使しない債権者については、法律で保護をしないという制度です。したがって、現行民法でも債務者に対して請求の裁判などをした場合には、消滅時効の期間の進行をゼロに戻すという規定になっています。これを時効の中断と呼んでいます。たとえば、野球の試合で途中３回表に雨が降ってきて、試合が中断することがありますが、試合を再開するときは当然３回表から再開されます。しかし、法律用語の「中断」は、このような意味で用いられておらず、１回表からあらためて試合を始めるということになります。一方、３回表から再開することを時効の停止と呼んでいます。このような用語はわかりにくいことから、改正民法では現行民法の時効の中断を**時効の更新**、時効の停止を**時効の完成猶予**（かんせいゆうよ）と改めることとしています。

債務者が支払いを逃れるために、財産を他人に移すことを防ぐための方法（**仮差押え・仮処分**）が民事保全法（みんじほぜんほう）という法律で定められています。現行民法ではこれを時効の更新の事由としていますが、仮差押えや仮処分は、裁判を起こす前に行うもので、債権があるかどうかは、その後の裁判で決まります。そのような場合に、時効期間を更新させるのは少し行き過ぎではということで、改正民法では、仮差押えや仮処分をしても時効期間が更新されず、時効の完成が６か月間猶予（ゆうよ）されるにとどまることになります。

現行民法　147条～161条
改正民法　147条～161条

協議中の時効の扱いに新ルール！
――消滅時効(3)：合意による完成猶予

当事者が支払額や支払方法について、協議中の場合でも時効は完成してしまうのでしょうか？

協議を行う旨の合意を書面で取り交わしていれば、最長で５年間、時効の完成が猶予されます。

ポイントレッスン　消滅時効(3)：合意による完成猶予

当事者が権利関係の協議をしている場合、協議中であることを書面にすることにより、一定期間、消滅時効の完成が猶予されるというルールが新設されます。

消滅時効は、長期間権利を行使しない債権者を、法律で保護しないという制度です。ということは、債権者と債務者が債務額や支払方法について協議をしている間は、債権者は権利を行使しているともいえるので、保護すべきということになります。ところが現行民法には、このような場合にも消滅時効が止まるというルールがありません。債務者が債務を承認すると、時効期間が更新するという規定はありますが、権利関係についての協議をしていることが債務を承認したことになるわけではありません。

改正民法では債権者と債務者が権利関係について協議を行っている間は、時効の完成が猶予（ゆうよ）されるという制度を設けています。この場合、債権者が弱い立場の債務者に協議をさせることも考えられますから、債権者と債務者が協議をしていることを**書面**に残す必要があります。また、完成猶予の期間は１回の書面のやりとりで**最長１年まで**認められます。１年の期間が満了するまでに、再度、協議をする旨の書面を作成することは可能ですが、時効の完成猶予の期間は**トータル５年間**までとされています。

現行民法　147条
改正民法　151条・152条

3－⑦

法定利率が変動制に！
――法定利率(1)：変動制

Q

年５％に固定されている法定利率(ほうていりりつ)ですが、どうなるのでしょうか？

A

時々の社会経済や生活実態に合わせた変動制が導入されます。

ポイントレッスン　法定利率(1)：変動制

法定利率は、５％の固定制から当初３％を基準とする変動制になります。また、商事法定利率の制度は廃止されます。

たとえば、友人から「利息をつけて返すから、お金を貸して」と言われたとします。お金の貸し借りの利息は、原則として当事者が合意した利率となりますが、具体的な利率を決めていない場合には**法定利率**が適用されます。そのほかにも、交通事故の損害賠償など相手方に対して一定のペナルティ（**遅延損害金**）をつけて請求をすることになりますが、この場合にも法定利率が適用されます。つまり、利息や遅延損害金が発生する場合で、その取り決めがないときに適用されるのが法定利率ということになります。

現行民法では法定利率は年５％（商取引の場面における商事法定利率は年６％）の固定制となっています。かつて、預金の金利が年５％程度であった時代には、年５％の法定利率も実情にあっていたかもしれませんが、昨今の経済状況では、かなりの高利率といえるでしょう。また、今後長い目でみて経済が良くなっても悪くなっても、年５％に固定されたままというのは合理的とは言えないでしょう。

改正民法では、法定利率の年５％固定制をやめて、短期（貸付期間が１年未満）の市場金利に連動する**変動制**になります。変動制といっても、**当初は年３％**としたうえで、以後３年ごとに見直しが行われますので、市場金利に比べて変動の頻度は少ないものになります。また、見直しの前後における「過去５年間の短期市場金利の平均値」の利率差を加算（または減算）する方法により利率が決められますが、利率差が１％未満の端数は切り捨てられますので、変動幅も小さくなります。

このルールは、商取引の場面においても適用されることになりますので、商事法定利率は廃止され、ルールが１本化されます。

現行民法　404条・419条、商法514条
改正民法　404条・419条

損害賠償額の算定方法が変わる！
――法定利率(2)：中間利息控除

損害賠償を請求する場合の算定方法が変わるのでしょうか？

損害額算定の計算式自体は変わりませんが、計算に用いる利率が、固定年率５％から変動制になります。

ポイントレッスン　法定利率(2)：中間利息控除

「中間利息控除」も変動制の法定利率によることになり、生涯賃金等をベースにした損害賠償金は法定利率が下がれば増え、上がれば減ることになります。保険の世界では大きな影響がありそうです。

中間利息控除の具体的計算例

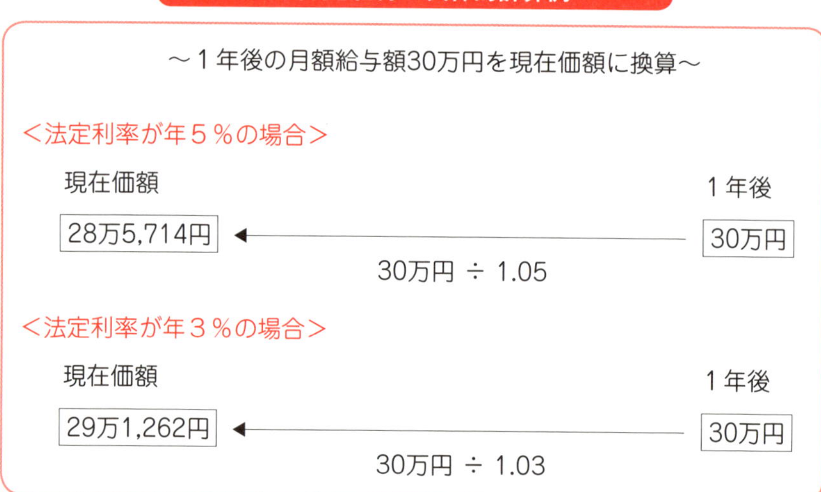

たとえば交通事故で働くことができなくなった被害者は、加害者である運転手に対して治療費等のほか生涯賃金に相当する損害の賠償を請求することができます。この生涯賃金に相当する損害賠償金は、たとえば20年後の将来の時点において支給を受けるべき賃金を、損害保険会社等から一時払いで先に受け取ることになります。

現在の実務では、将来に受け取ることができるであろう給与相当額について、現在から将来予定されていた給与を受け取るであろう時までの期間中、法定利率（固定年率５％）で複利運用（ふくりうんよう）したとすれば得られるであろう利息に相当する額を控除（**中間利息控除**（ちゅうかんりそくこうじょ））した額を損害賠償金としています。

改正民法では、法定利率が時々の社会経済や生活実態に対応した変動制になりますので、同様に中間利息控除についても変動制の法定利率によることになります。具体的には、生涯賃金をベースとする損害賠償金は、法定利率が下がると増え、上がると減ることになります。また、中間利息控除については、具体的な請求権が生じた時点における法定利率が用いられることとなり、交通事故の事例では事故発生時における法定利率が適用されることになります。

現行民法　404条
改正民法　404条・417条の２

債務者の免責事由が明確化！
——債務不履行

契約の相手方から債務の履行（りこう）がない場合、相手方の責任はどのようになるのでしょうか？

原則として、債務者は損害賠償の責任を負うことになります。

ポイントレッスン　債務不履行

債務を履行しなかった場合、一般的に債務者に責任なしということでない限り、債務者は債務不履行責任（さいむふりこうせきにん）を負うことになります。

債務不履行となるための要件

現行民法		改正民法
①　契約にしたがった債務の履行のないこと（履行不能／履行遅滞／不完全履行）		①　現行民法と同じ
②　債務の不履行が債務者の責任によるべき理由（帰責事由）があること		②　債務の不履行が債務の発生原因と取引上の社会通念に照らして債務者の責任によるべき理由（免責事由）がないこと

たとえば運送業者に安価な50円で書類を配達してもらう契約を結んだものの、大雪のために約束の期日までに書類を届けられなかった場合、この契約はどのようになるのでしょうか。契約を締結したものの、その約束（債務）を果たせなかった場合（**債務不履行**）、債務者は、契約を解除され、損害の賠償をしなければならないということになります。

しかしながら、債務が債務者の責任によらず債務の履行ができなかった場合にまで責任を負わせることは適当とはいえません。そのため、現行民法では債務の不履行の責任は、債務者に責任を負わせる理由（**帰責事由**）がない限り、契約の解除や損害賠償請求を認めないということになっています。

これに対しては、いったん契約を結び、自分の債務を履行する責任を負った以上、それを果たせない場合にはよほどの事情がない限り、債務者は責任を負うべきではないか、債務者の一方的な事情によって債務者の責任を免除することは適当ではないのではないかという指摘もなされていました。

改正民法では、債務者の責任が免除される場合を債務者の事情に限らず、契約その他債務の発生原因や取引上の社会通念に照らして債務者の責任ではない理由（**免責事由**）によるものでない限り、債務者は債務不履行による責任を負うことになります。

先ほどの事例では、50円で書類を配達するという契約を結んだため、債務者である運送業者は当然、期日までに書類を配達する義務を負うのですが、この契約は債務者が平常時に安い料金で書類を届けるという契約であり、大雪などの場合にもこの安値で配達することは想定していないとして、債務者の責任は免除されるということになりそうです。

現行民法　415条・541条～543条
改正民法　415条・541条～543条

連帯債権・債務が明らかに！
――連帯債権・連帯債務

Q 債権者や債務者が複数になる場合、どのような取扱いとなるのでしょうか？

A 債権者が複数の場合についての連帯債権（れんたいさいけん）に関するルールが明文化され、債務者が複数の場合についての連帯債務（れんたいさいむ）の意味が明らかになります。

ポイントレッスン　連帯債権・連帯債務

当事者が複数になる関係のうち、連帯債務についてはその意味を明らかにし、連帯債権については新たにそのルールが明文化されます。

たとえば、夫婦が共同で住宅を購入するとき、夫婦２人を債務者にして借入れをすることがあります。具体的には、住宅ローンの金額が1,000万円であるとき、銀行は夫にも妻にも1,000万円の返済を請求することができます。また、妻が1,000万円を返済したときは、夫は銀行に対して1,000万円を返済する必要がなくなります。現行民法ではこのような債務を**連帯債務**（れんたいさいむ）と規定しています。

現行民法では、**連帯債権**（れんたいさいけん）に関する規定が設けられていません。

改正民法では、連帯債権の意味を明らかにしたうえで、連帯債権者同士の法律関係や、連帯債権者と債務者との間の法律関係が新たに規定されることになります。また、現行民法の連帯債務の規定は、「数人が連帯債務を負担するとき」とだけ定められており、その意味が明らかにされていませんでした。そこで、改正民法では、連帯債務について“債務の目的がその性質上**可分**である場合において、法令の規定又は当事者の意思表示によって数人が連帯して債務を負担するときは”というように、その意味を明らかにしています。

現行民法　427条～445条
改正民法　427条～435条の２・436条～445条

事業用の個人保証には公正証書が必要？
――保証(1)：個人保証の制限①

Q 個人を保証人とする保証契約ができなくなるというのは本当でしょうか？

A 事業用のお金の借入れ等について、個人が保証人になるときには、一定の場合を除いて、あらかじめ保証契約とは別に作成する公正証書（こうせいしょうしょ）で保証人が保証意思を明らかにしなければならなくなります。

ポイントレッスン　保証(1)：個人保証の制限①

事業のための金銭の借入れの保証については、経営者が保証人になるなど一定の場合を除き、保証契約に先立って、保証人の意思等を確認するための公正証書の作成が必要になります。

個人保証の制限：事業用の借入

前提	事業用のお金の借入れ等について個人が保証人になるときは、保証契約とは別に
原則	① 保証契約に先立って ② 保証契約の前1か月以内の日に ③ 利息等の債務に付随するすべての事項を記載 ④ 保証人の保証意思が表示

⇒公正証書を作成しなければ**無効**

例外	(A) 主たる債務者が会社で、保証人がその取締役 (B) 主たる債務者が会社で、保証人がその会社の議決権の過半数を保有 (C) 主たる債務者が個人事業主で、保証人がその共同経営者	等

保証契約の実情は、債務者の親族や友人などが債務者からお願いされて、内容もよくわからないまま保証契約を結んでしまっているといったケースが少なくありません。特に、事業のお金の借入れについての保証人は、その責任が重くなりがちで、債務者の支払不能によって、保証人が破産や自殺に追い込まれるという悲惨な例もあります。

改正民法では、**事業用のお金の借入れ等**について**個人が保証人**になるときには、保証契約を書面でするだけでは足りず、**経営者個人による保証**等の一部の例外を除いて、保証契約に先立って、その1か月以内の日に、利息等の債務に付随するすべての事項を記した詳細な**公正証書**（こうせいしょうしょ）を作成し、その中で、保証人があらかじめ保証意思を表示しておかなければ、原則として無効となります。

ここでいう公正証書とは、保証人になろうとする者である**本人**が、保証契約よりも前の時点で、保証契約とは別に作成しなければなりません。なぜなら、保証人の中には、代理人を立てて「万が一のときには保証債務を負い、強制執行（きょうせいしっこう）されても異議がない」旨の記載のある保証契約書を公正証書で作成してしまったために、保証人が知らないうちに、ある日突然自宅や給料を差し押さえられてしまうという悲劇に至ったケースが少なくなかったからです。

この公正証書による個人の保証契約の制限は、事業用のお金の借入れについての保証契約を規制するもので、たとえば、個人の住宅ローンやアパートの賃貸借における家賃等の保証契約といった、それ以外の債務についての保証契約を対象とするものではありません。

現行民法　446条
改正民法　446条・465条の６～465条の９

保証契約には情報提供が必要に！
――保証(2)：個人保証の制限②

Q 債権者や債務者は、保証人にいろいろな情報を提供したり、通知をしなくてはいけなくなるのでしょうか？

A 保証人を保護するため、事業に関する債務についての債務者や債権者は、一定の情報を保証人に提供（通知）しなくてはならなくなります。

保証(2)：個人保証の制限②

債権者や債務者は、財産状況や弁済状況を保証人に通知しなければならず、それを怠ると保証自体が無効になったり、本来の保証内容が実現できなくなる場合があります。

保証契約では、債務者が債務の弁済（べんさい）を怠れば、保証人が債務者に代わって弁済する責任を負うことになります。そうすると、保証人としては、債務者の財産状況やその後の弁済状況について正しい情報を知らされなければ、怖くて保証契約を結べないでしょう。

改正民法では、保証人を保護するため、事業に関する債務の債務者や債権者に対して、一定の情報を提供（通知）する義務を負わせることになります。

具体的な義務として、１つ目は**事業に関する債務**について保証契約を結ぶ時は、債務者が、債務者の依頼により保証人（**委託（いたく）を受けた保証人**）になろうとする個人に対して、自分の**財産状況**等を伝えなくてはならないというものです。もし、伝えてもらった財産状況等にウソや隠しごとがあるのに、貸主等の債権者がそれらをうっかり見過ごしているような場合には、保証人は後からでも、保証契約を取り消すことができます。

２つ目は、保証契約後、委託を受けた保証人から求めがあった場合には、債権者は、債務者の弁済状況等を伝えなくてはならないというものです。

３つ目は、弁済の遅れ等の事情によって、債務者が残りの債務を一括して弁済しなくてはならなくなった（**期限の利益の喪失**(そうしつ)）場合には、債権者は、そのことを知ってから２か月以内に、保証人に対して通知しなければならないというものです。もし、債権者が期限内に通知をしないでいる場合、保証人は、原則として、期限の利益を喪失した時からその通知を受けるまでに発生した**遅延損害金**についての保証債務を支払う必要はありません。

改正民法　458条の２・458条の３・465条の10

根保証の保証人の保護が強化される！
――保証(3)：貸金等根保証

Q 根保証の規制の対象が広がると聞きましたが、どのようになるのでしょうか？

A 保証人の保護を手厚くするため、極度額の定め等の規定が個人を対象とするすべての根保証に拡大します。

ポイントレッスン　保証(3)：貸金等根保証

金銭の借入れだけでなく、賃貸借や商取引に関しての根保証も極度額の定めが必要となり、個人の保証人の保護が強化・拡大されることになります。

元本確定事由の整理

		② 以下の事実が発生した		
		…その財産に対する強制執行または担保権の実行の手続が開始された	…破産手続開始の決定がされた	…相続が発生（死亡）した
① だれについて	債務者について…	お金の借入れ等の根保証契約であれば元本確定	お金の借入れ等の根保証契約であれば元本確定	元本確定
	保証人について…	元本確定	元本確定	元本確定

保証契約とは、債務の弁済等に関して債務者の信用を補うために利用される制度で、債権者と保証人との間で契約が結ばれるものです。その中には、たとえば、債務者がいつからいつまでの間に借りる予定の金銭の弁済の義務を保証人が全額保証するといった、一定の範囲の債務を保証するものがあり、これを**根保証契約**(ねほしょうけいやく)といいます。

根保証契約は、保証人が当初予想しなかったほどの多額の債務を弁済しなければならないこともあり、保証人にとって大変厳しいものです。そこで、平成16(2004)年に民法を一部改正して、お金の借入れを保証する根保証契約については、①保証人が負う債務の上限額(**極度額**(きょくどがく))等を契約の内容としない根保証契約は無効にしました。さらに、②一定の事実(**元本確定事由**(がんぽんかくていじゆう))が発生した場合には強制的に保証人が弁済の義務を負う債務の額を確定(**元本確定**)させることにして、根保証契約の保証人の保護を図りました。

ただ、根保証契約には、お金の借入れのみならず、たとえば、アパートの賃貸借の保証や、商売の相手から一定期間中に仕入れた物品の代金の支払いについて保証するものもあります。

改正民法では、個人を対象とするすべての根保証契約は①の極度額について契約の内容としなければ無効であるとするとともに、②の元本確定事由も拡張して、さらに根保証契約の保証人の保護を図ることになります。

現行民法　465条の2・465条の4・465条の5
改正民法　465条の2・465条の4・465条の5

債権譲渡は利用しやすくなる？
――債権譲渡

債権の譲渡を利用しやすくなる仕組みとして、どのような整備が行われるのでしょうか？

債権の譲渡を禁止する特約から譲渡を制限する特約とすることとなり、資金調達などの場面で債権譲渡が有効に活用されることが期待されます。

ポイントレッスン　債権譲渡

譲渡禁止特約から譲渡制限特約に変更され、債権譲渡が事業者等の資金調達に活用されるケースが増えるかもしれません。一方で、本来の債務者の保護にも一定の配慮がなされています。

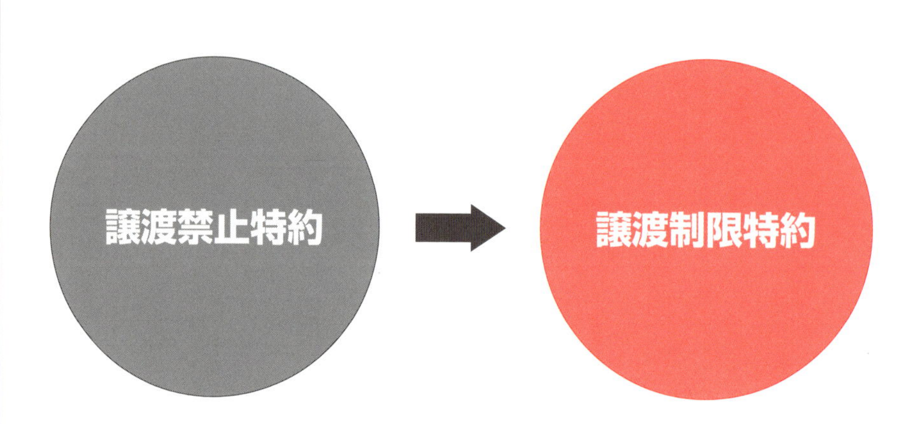

債権譲渡とは、債権を持っている人（債権者／譲渡人）が誰か（譲受人）に債権を譲り渡すことです。債権は、原則として自由に譲渡をすることができます。ただし、現行民法では、債権者と債務者間の契約で、債権の譲渡を禁止する合意（譲渡禁止特約）をすることもできます。この特約は、債務者にとって、債権が譲渡されることで弁済をする相手が代わってしまう不都合や、二重に債権が譲渡されたような場合に真の権利者でない者に誤って支払ってしまうというリスクを回避するための制度といわれています。しかしながら、債権者としては、自分が持っている債権を自由に処分することができないわけで、債権を担保にお金を借りたり、債権を売却したりすることは許されないということになります。ちなみに、現行民法では譲渡禁止特約に違反して債権を譲渡した場合には、債権譲渡自体が無効になるとされています。

改正民法では、債権者と債務者の利益のバランスを考慮し、譲渡禁止特約から、いわゆる**譲渡制限特約**といったかたちに改められます。つまり、債務者は債権者に対して、債権を譲渡することを制限や禁止することはできますが、その制限に反する債権譲渡であっても有効に取り扱うということです。これによって、考え方や手法にもよりますが、債権者である譲渡人にとっては債権の有効活用の道が開かれたと評価することができます。一方で、これでは債務者の保護が足りないとも考えられますので、譲渡制限特約付の債権が譲渡された場合には、債務者は譲渡された債権に相当する金銭を**供託**することにより、債務から免れることができるとしています。

現行民法　466条・467条
改正民法　466条～466条の５・466条の６・467条

債務引受のルールが明らかに！
——債務引受

Q 新たに具体的に規定されるといわれている「債務引受（さいむひきうけ）」とはどのようなものでしょうか？

A 債務者に新たな債務者が加わるという併存的債務引受（へいぞんてきさいむひきうけ）と、債務者に代って新たな債務者が債務を負うという免責的債務引受（めんせきてきさいむひきうけ）とが条文に規定されます。

ポイントレッスン　債務引受

これまで条文になかった債務引受ですが、その成立の要件を併存的債務引受と免責的債務引受に分けてルール化します。

債務引受とは、債務者の債務を第三者が引き受けることで債務者の変更が生じるというものです。債権譲渡は債権者が交代するのに対して、債務引受は債務者が交代するものです。

たとえば、会社員であるＡさんが住宅購入の際に銀行から資金を借り入れたところ定年を迎え会社を退職し、返済が厳しくなりそうなため、Ａさんの長男で収入のあるＢさんを債務者に加えるというケースが**併存的債務引受**（へいぞんてきさいむひきうけ）に該当します。

一方、銀行から借入れをする際に自分の所有不動産に抵当権が設定されているＣさんが、その借入金をＤさんに肩代わりしてもらうことを条件に不動産をＤさんに譲渡し、債務者をＣさんからＤさんに変更するというケースが**免責的債務引受**（めんせきてきさいむひきうけ）に該当します。

併存的債務引受の成立には、債権者と引受人との債務引受契約、または債務者と引受人との債務引受契約に加えて債権者の承諾という２つのパターンがあります。

免責的債務引受の成立には、債権者と引受人との債務引受契約に加えて債権者から債務者への通知、または債務者と引受人が債務引受契約をすることに加えて債権者の承諾という2つのパターンがあります。

債務引受のアウトライン

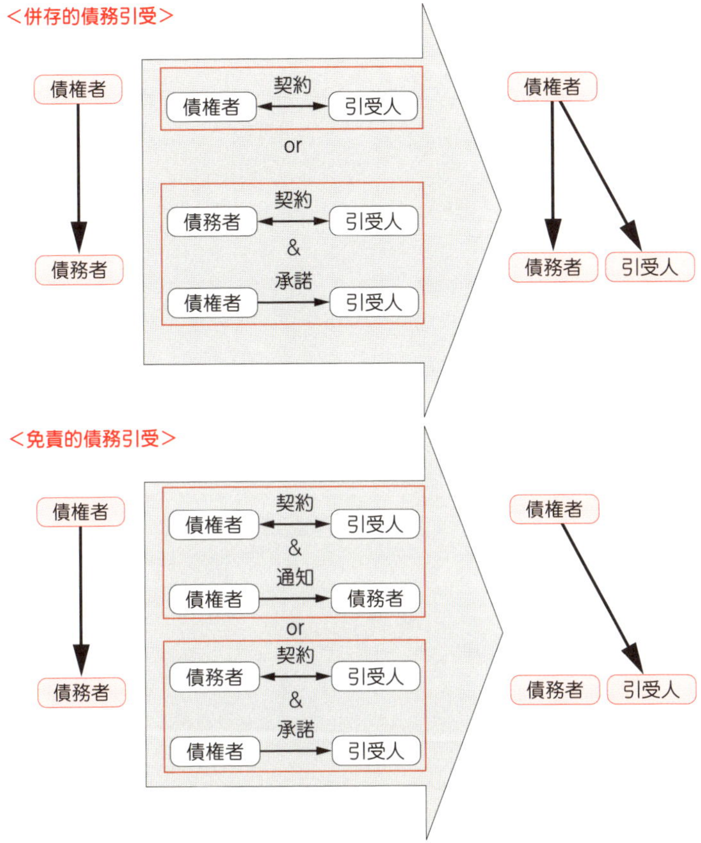

＜併存的債務引受＞

債権者 → 債務者

債権者 ←契約→ 引受人
or
債務者 ←契約→ 引受人
&
債権者 →承諾→ 引受人

債権者 → 債務者、引受人

＜免責的債務引受＞

債権者 → 債務者

債権者 ←契約→ 引受人
&
債権者 →通知→ 債務者
or
債務者 ←契約→ 引受人
&
債権者 →承諾→ 引受人

債権者 → 引受人（債務者）

参考法令　改正民法　470条・471条・472条～472条の4

3－⑯

弁済のルールが整理される！
――弁済

Q 弁済（べんさい）のルールが整理されるというのはどういうことでしょうか？

A まず、債務を弁済するとその債権は消滅するという大前提となる規定を設けます。そのうえで、第三者による弁済のルールを見直すとともに、振込みによる弁済のルールが明文化されます。

ポイントレッスン　弁済

債権債務の消滅の基本である弁済について、その効果を明らかにしたうえで、現状を踏まえた弁済のルールに整理しています。

現行民法では、債権債務の消滅の最も基本的なものである弁済（債務者が債務の内容を実現して債権者の債権を消滅させること）について規定がなかったことから、改正民法では、前提である債務を弁済すると債権は消滅するということを明確にしています。

現行民法では、第三者が正当な理由もなく弁済をする場合、債務者の意思に反してなされた弁済は無効とされています。その結果、債権者は弁済を受けた目的物（金銭など）をあとから返還しなければなりません。そこで改正民法では、債権者が債務者の意思を知らなかった場合には返還しなくてもよいということにしました。

現行民法では、債権者にとって好ましくない第三者が正当な理由もなく弁済をしようとした場合、債権者はその弁済を拒むことができません。そこで改正民法では、このような場合に債権者が弁済を拒むことができるようになります。もし、好ましくない第三者が一方的に銀行振込み等により弁済してきたような場合には、その第三者に返金することもできます。

現在、一般に行われている債権者への預貯金口座への振込みによる弁済ですが、改正民法では債権者（振込みの相手方）が払戻しをできるようになった時に弁済の効力が生じることを明らかにしています。

現行民法　474条
改正民法　473条・474条・477条

3－⑰

相殺と差押えの関係が明らかに！
――相殺

Q 相殺（そうさい）と差押えの優劣関係はどのようになるのでしょうか？

A 相殺の対象となる債権の差押え前に取得した債権で相殺をするのであれば、どちらの債権についても弁済期の先後（せんご）を問わず、相殺できるようになります。

ポイントレッスン　相殺

差押えされた債権の債務者が、差押え前に取得した債権を自働債権（じどうさいけん）（相殺を持ちかける側の債権）とすることは、弁済期（べんさいき）が到来しているかどうかを問わず認められる、という判例の考え方が条文になります。

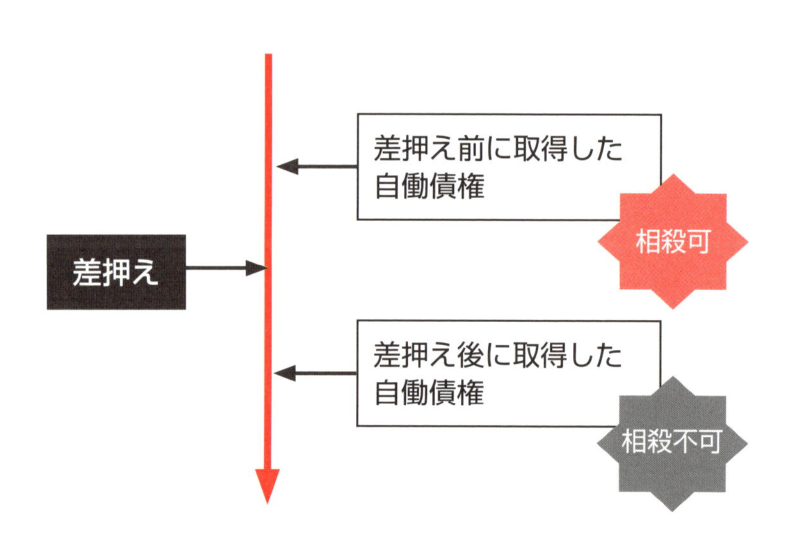

相殺とは、たとえば鈴木さんが佐藤さんに対して持っている債権と佐藤さんが鈴木さんに対して持っている債権とを相互にぶつけ合うことによって、お互いに本来の弁済等の債務の履行をすることなく、簡易に債権債務を消滅させるというものです。

現行民法は、債権の差押えなどにより支払いの差止めを受けた債務者（第三債務者）は、その後に取得した債権で相殺をすることはできないとされています。ただし、相殺の対象となる債権（**受働債権**）が差し押さえられた場合に、債務者（第三債務者）が相殺するためには、差押えの時に相殺する側の債権（**自働債権**）と受働債権のいずれについても弁済期が到来していなければならないのかという点が明らかではありません。そのため、たとえば、預金が差し押さえられたときに、第三債務者となる銀行が差押債務者である預金者に対して持っている弁済期が到来していない貸付金債権を預金者の預金と相殺することにより回収することができるかということが問題になっていました。判例では、受働債権の差押え前に取得した債権を自働債権とするのであれば、自働債権と受働債権の弁済期等の先後にかかわらず、相殺できるとし、実務はこの判例に従って運用されています。

改正民法では、この判例を条文化し、差押え前に取得した債権であれば弁済期の先後にかかわらず相殺できるものとしています。さらに、差押え後に取得した債権でも差押え前の原因に基づき生じたものであれば、その債権を自働債権とする相殺を差押債権者に主張できることになります。

現行民法　511条
改正民法　511条

「契約」の原則が明文化！
――契約の成立

Q　契約はどうすれば成立するのでしょうか？

A　契約は当事者の自由であり、「申込み」と「承諾」という意思表示の合致により成立することと、契約の成立には法定された方式がないことが明文化されます。

ポイントレッスン　**契約の成立**

いわゆる「契約自由の原則」（Ⅰ－①／P3）を明らかにしたうえで、当事者の申込みとその承諾により契約が成立するという大前提を明文化しています。

契約は当事者が自由に行うことができる（**契約自由の原則**）のが近代民法の原則ですが、これは当然のことと考えられていたため、現行民法には明文の規定はありません。そこで、改正民法では、法律のプロにとって当然なことですが、契約自由の原則について条文化がなされています。

契約自由の原則とは、具体的に、①締結（ていけつ）の自由（契約を結ぶのか否かを当事者自身で決定できる）、②相手方選択の自由（契約を誰と結ぶのかは自由に決定できる）、③内容形成の自由（契約内容を自由に決定できる）、④方式の自由（契約を結ぶ方式は自由に決定できる）というものです。ただし、現代では契約自由の原則を貫きすぎると、一方当事者が不利益を被るおそれがあります。

そこで、労働者や消費者などの弱者を保護するために、当事者の一方に契約自由の原則について一定の制限を課している場合もあります。

現行民法では契約の成立に関する一般的な規定はありません。そこで、改正民法では、契約の成立について、申込み（契約内容を示してその締結を申し入れる意思表示）と承諾（申込みに応じて契約を成立させる意思表示）の合致があった時に成立するという規定が設けられます。

契約自由の原則

① 締結の自由	契約を締結するのか否かを当事者で決めることができる。
	たとえば、不動産業者から自宅を売ってほしいという申入れに対しても、承諾する必要もないし、また、承諾しろと第三者に言われることもないという自由がある。
② 相手方選択の自由	誰とでも契約を締結することができる。
	契約の相手方を誰にするかは当事者に委ねられているので、ある物を買う場合、誰から買うかを決める自由がある。
③ 内容形成の自由	どのような内容の契約でも締結できる。
	売買契約において、金額や支払方法、物の引渡時期等を当事者間で決定するという自由がある。
④ 方式の自由	どのような方式でも契約を締結できる。
	契約の成立には、一部の例外を除き、どんな方式もとれるという自由がある。

改正民法　521条・522条

3－⑲

不可抗力の場合の契約ルールが変更！
――危険負担

Q

売買契約を結んだあと、売主に責任がなく、目的物の引渡しができない場合、買主が支払うべき代金はどのようになるのでしょうか？

A

買主は代金を支払わなくてよくなります。

ポイントレッスン　危険負担

当事者双方に責任がなく債務の履行（りこう）ができなくなったような場合、債権者がそのリスクを負うという仕組みをやめ、債権者は**反対給付**（はんたいきゅうふ）の履行を拒むことができます。

現行民法では、たとえば中古建物の売買契約後、引渡し前に、建物が地震によって倒壊してしまった場合、売主は中古建物を引き渡さなくてもよい反面、買主は代金を支払わなくてはならないと規定されています(**債権者主義**)。

このように、中古建物のように契約の当事者が対象の個性に着目している物(**特定物**)の売買契約をしたような場合には、たとえ売主の引渡しをするという債務が消滅しても、買主の代金を支払うという債務は消滅しないとされています。

この結論については、買主は買った物が手元に届かないにもかかわらず、代金を支払わなくてはならないということですので、不合理であると批判されていました。実際の契約でも、契約書の中でこの規定を適用しないとしているケースが多数見受けられます。

改正民法では、債権者主義をやめる、債務者主義をとることとしています。

先ほどの事例では、債権者である買主は契約を解除しなくても、**反対給付**(はんたいきゅうふ)である売買代金の支払いを拒むことができることになります。

現行民法　534条・536条
改正民法　536条

契約の解除ルールが一部変更に！
――契約解除

債務が履行されない場合、債権者はどのように契約を解除すればよいのでしょうか？

原則として、催告をして契約を解除することになりますが、明らかに債務者が履行を拒否している場合などは、催告をせずに契約を解除することができます。

ポイントレッスン　契約解除

債務者が債務の履行をする意思がないことが明らかな場合には、履行の催告をすることなく契約の解除ができることを認めるとともに、契約を解除するにあたっては、債務者の帰責事由は必須ではなくなります。

解除の要件（催告が必要な場合）

現行民法	改正民法
① 不履行事実	① 不履行事実
② 帰責事由	② 履行の催告
③ 履行の催告	

契約を結んだものの債務者がその契約を守らない場合、債権者は契約を解除することができます。

現行民法では、契約を解除するための要件として、①債務の履行がないこと（**不履行事実**）、②債務者の責任となる事由があること（**帰責事由**）、③債務者に債務の履行を催促すること（**履行の催告**）が必要です。このうち履行の催告については、たとえばクリスマスの日にクリスマスケーキを届けるといったように一定の期日が決まっている場合（**定期行為**）や、引き渡す物が完全に壊れてしまった場合（**履行不能**）には、債務者に対して履行の催告をする意味がないことから、催告は不要であるとされています。

改正民法では、これらの要件に加えて、債務者が履行をしない意思を明らかにしている場合や、履行の催告をしても契約の目的を達成できる見込みがない場合にも、履行の催告をすることなく契約を解除することを認めています。また、契約の解除の要件として債務者の帰責事由を不要としています。これは、債務の履行がない場合、履行の催告をして債務の履行を待つよりも、新しい相手を探して契約をしたほうが、損害が軽くなるケースがあるからです。

現行民法　541条・542条・543条
改正民法　541条・542条・543条

3－㉑

初めて「定型約款」がルール化される！
――定型約款(1)：意味

Q

新たにルール化される定型約款(ていけいやっかん)とは、どのようなものでしょうか？

A

定型約款とは、定型的な取引で、あらかじめ契約の内容とすることを目的として準備された条項です。

ポイントレッスン　**定型約款(1)：意味**

現在、一般的に使用されている約款のうち、不特定多数を対象とし内容が画一的であることが合理的であるとされる「定型約款」のルールが新たに民法のルールとして導入されます。

定型約款の位置づけ

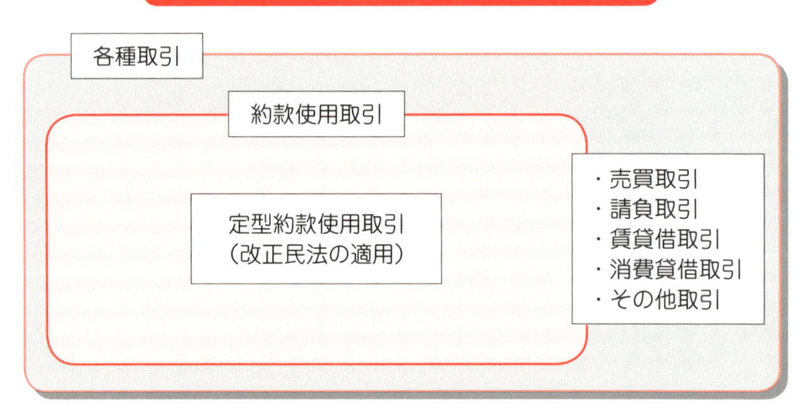

現代社会において不特定多数の相手と定型的な取引を多く行う場合、迅速かつ効率的に行う必要があります。そこで、あらかじめ定型的な条項を定め（**約款**（やっかん））、その条項を契約として適用するような取引が広く普及しています。生命保険契約をする際に交付される冊子やインターネットでの商品購入をする際にクリックを求められる規約などが約款の代表的な例です。

本来、契約は、当事者が契約内容を確認し、合意をすることで成立します。しかしながら、約款については内容の確認や当事者の明確な合意がないにもかかわらず、契約として適用されます。約款については、現行民法にはルールが存在せず、実際にトラブルとなることも少なくありません。

改正民法では、約款のうち**定型約款**（ていけいやっかん）を、不特定多数の者を相手方として行う取引で、その内容が画一的であることが取引の当事者双方にとって合理的であり、それらを契約の内容とすることを目的として、あらかじめ準備された条項の総体と定義しています。

改正民法　548条の２

定型約款を契約内容とする場合のルールとは？
――定型約款(2)：合意

定型約款は、どのような場合に契約の内容となるのでしょうか？

A 取引の当事者が定型約款を契約の内容とすることを合意したとき、または定型約款の準備をした者があらかじめその定型約款を契約の内容とすることを相手方に表示していたときには、原則として定型約款が契約の内容になります。

ポイントレッスン　定型約款(2)：合意

定型約款の内容を契約の内容とするためには、その旨の当事者の合意等が必要ですが、事情を総合的に判断して、相手が不利になるようなときには契約の内容にならない場合もあります。

定型約款の合意

定型取引を行うことの合意

＆

定型約款を契約の内容とする旨の合意

or

あらかじめその定型約款を契約の内容とする旨を相手方に表示

⇒ 定型約款の個別の条項についてみなし合意

本来、契約当事者が個別に合意したものが契約の内容となりますが、定型約款を用いた取引では、個別の条項について合意がなされることはありませんし、個別合意すること自体が不特定多数の相手方と迅速かつ効率的に行うためには適切ではありません。そこで、個別の条項について合意がなされていない場合でも、定型取引を行うことに合意した者が、①定型約款を契約の内容とすることの合意をしたとき、②定型約款の準備をした者があらかじめその定型約款を契約の内容とする旨を相手方に表示していたときのいずれかの場合には、定型約款の個別の条項についても合意をしたものとみなされます。

定型約款の条項のうち、その取引の態様や実情をふまえ、相手方の利益を一方的に害すると認められるものについては合意しなかったものとされ、その条項は契約の内容とはなりません。つまり、定型約款の条項が契約の内容となるかどうかは、契約をした際の態様や取引慣行等を総合的に考慮して判断されることになります。

定型約款を準備した者は、定型取引合意の前後で、相当の期間内に相手方から請求があった場合には、遅滞（ちたい）なく、定型約款の内容を開示する義務を負います。また、定型約款を準備した者が、取引の合意の前になされた相手方からの定型約款の内容についての開示請求を、正当な事由なく拒んだ場合には、定型約款の個別の条項についての合意があったとはみなされないことになります。

改正民法　548条の２・548条の３

定型約款を事後的に変更できるルールとは？
——定型約款(3)：変更

Q 定型約款は、相手方と個別の合意がなくても変更することができるのでしょうか？

A **定型約款の変更が相手方の一般的な利益に適合する場合や、そもそもの契約の目的に反することなく、かつ変更に一定の合理性がある場合には変更することができます。**

ポイントレッスン　定型約款(3)：変更

定型約款の内容も変更することはできますが、相手方に不利益にならないような一定の条件をクリアしたうえで、所定の手続を踏む必要があります。

定型約款を利用した場合で、その定型約款の変更が必要となったときには、本来は契約の相手方と定型約款の変更についての個別の合意をすることが必要となります。しかし、不特定多数の相手方との契約に際して利用される定型約款について、個別に変更の合意をすることは難しいことですし、一部の人とだけ変更がなされるのは適当でない場合もあります。

定型約款を変更するには、次のいずれかの要件を満たす必要があります。

1つ目の要件は、定型約款の変更が相手方の一般的な利益に適合する場合です。つまり、定型約款の変更が、定型約款を利用した相手方にとって利益となるようなものということです。2つ目の要件は、定型約款の変更が本来の契約をした目的に反することなく、かつ変更の必要性、変更後の内容の相当性、定型約款の中に変更に関する定めの有無等変更に関して合理的な事情がある場合です。

加えて、定型約款の変更が効力を生ずるためには、定型約款を準備した者、つまり変更をしようとしている者は、①定型約款を変更する旨、②変更後の定型約款の内容、③変更後の定型約款の効力発生時期を、インターネットその他適切な方法で変更の効力が発生する時までに周知することが必要です。

定型約款変更のための要件

1．実質的な要件

① 定型約款の変更が相手方の一般の利益に適合するとき

or

② 定型約款の変更が契約をした目的に反せず、かつ変更の必要性、変更後の内容の相当性、定型約款の中に変更に関する定めの有無やその内容その他の変更に係る事情に照らして合理的なものであるとき

＋

2．具体的な手続

定型約款準備者は、①変更する旨、②変更の内容、③変更の効力発生時期をインターネット等の適切な方法であらかじめ周知

↓

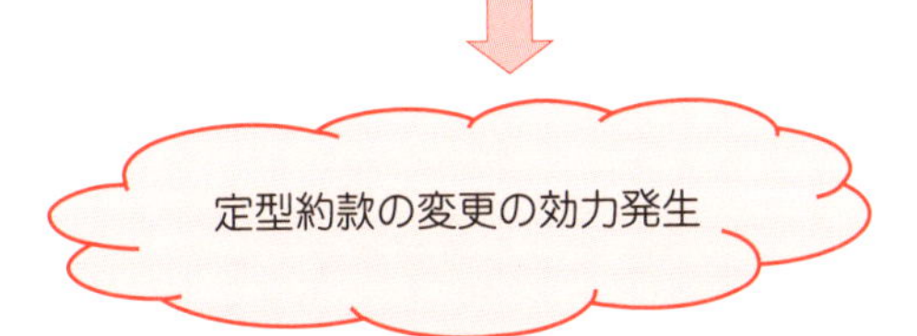

改正民法　548条の４

3－24

売主の義務に新ルール！
――売買(1)：売主の義務

Q 売買契約の売主は、買主に対抗要件（たいこうようけん）を備えさせることが義務づけられるのでしょうか？

A 売買の売主の義務として、買主に対抗要件を備えさせるなどの義務がルール化されることになります。

ポイントレッスン　売買(1)：売主の義務

売買契約の売主は買主に登記等の対抗要件を備えさせる義務が明文化されるともに、目的物が契約の内容に適合しない場合の補完が義務づけられます。

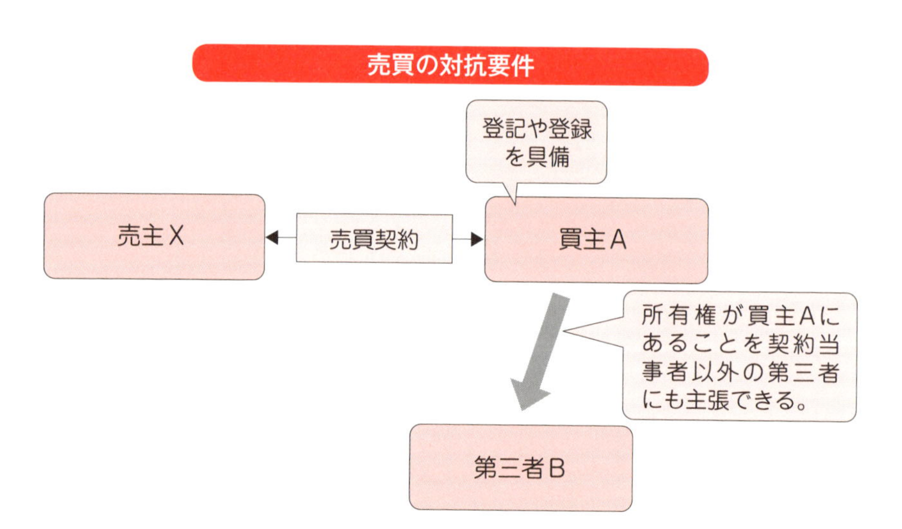

売買の売主には、**目的物を引き渡す義務**があります。どのような目的物を引き渡すのかといったことについては、契約の当事者の合意内容をくみ取って判断していくことになりますが、現行民法ではあまり詳しい規定はありません。

改正民法では、これまで目的物の引渡義務の１つと考えられていました、買主に**対抗要件**（たいこうようけん）を備えさせる義務を明文化しています。売買の目的物の中には単に引渡しをしただけでは完全な権利が保護されないものがあります。不動産や車などが典型的な例です。たとえば、不動産を購入した場合には引渡しを受けたうえで**登記**の名義を買主に変更することになります。**登記**をすることで、後から自分が所有者だと名乗りでる第三者に対して自らの権利を主張することができるようになることを「**対抗要件を備える**」と言っています。つまり、対抗要件を備えることで買主の**完全な権利**が守られるというルールになっています。

他人の権利を売買の目的とした場合の義務は、現行民法にも規定されていますが、改正民法では目的物の一部が他人の権利の場合にも同様に目的物を取得して買主に移転する義務が生じることを明文化しています。

さらに、売買の目的物の種類・品質・数量が**契約の内容に適合しない**場合には、売主は**目的物の補修、代替物の引渡し**や不足分の引渡しが義務づけられることになります。

現行民法　555条・560条
改正民法　555条・560条・561条・563条

買主の権利が一新される！
――売買(2)：買主の権利

Q 売買契約の売主が義務を果たさない場合、買主はどのようなことができるのでしょうか？

A 買主は、契約一般のルールに従って、債務不履行によって生じた損害賠償請求や契約解除ができるほか、売主に目的物の補修を求め、代替物や不足分を求めることや代金の減額を請求することが認められます。

ポイントレッスン　売買(2)：買主の権利

売買契約において、売主が義務を果たさないときには、損害賠償の請求や契約の解除ができるほか、契約の内容に適合するような補完を請求することができます。

買主の権利

	目的物の種類・品質の不適合	目的物の数量不足	契約自体の不履行
損害賠償請求	○	○	○
契約解除	○	○	○
目的物の補修	○		
代替物の引渡し	○		
不足分の引渡し		○	目的物の引渡し
代金の減額請求	○	○	

売買の売主が義務を果たさない場合、買主は売買特有の一定の請求をすることが認められています。

たとえば、中古車などはその個性に注目して売り買いをするので、エンジンに不具合があったとしても、売主はその状態で引渡しをすればよく、特にエンジンの保証などをしていなければ、買主は売主に対して修理してくれとは言えないという考え方がありました。この考え方に反対も多いのですが、現行民法ではこのような場合に中古車を修理してくれと言えるのかどうかがよくわかりません。

改正民法では、その目的物について、種類・品質・数量が契約の内容に適合しないものであるときには、買主は売主に対して、目的物の修理をせよとか、代わりの物を引き渡せといった本来の履行(りこう)を請求することができるようになります。また、買主が相当の期間を定めてこれらの履行を求めても売主が義務を果たさない場合には、買主は、今までも認められてきたように不適合の程度に応じた代金の減額を請求することもできます。

買主は、債務不履行の一般ルール（3－⑨／P38、3－⑳／P60）に従って、損害賠償請求や契約解除をすることもできます。

このような請求については、現行民法では不適合であることを知ってから１年以内に行わなければならないことになっていますが、改正民法ではこの期限について不適合を知った時から１年以内に「その事実を通知」しない場合には行えないというように改められます。

現行民法　570条
改正民法　562条・563条・564条・566条

消費貸借契約がネット時代に適合！
――消費貸借

Q お金を貸し借りするための契約は、どのように成立することとなるのでしょうか？

A お金を貸し借りするための契約は、実際にお金を貸し渡すことで成立するのが原則ですが、一定の場合には、貸主と借主との合意だけで契約が成立するようになります。

ポイントレッスン　消費貸借

金銭消費貸借は、金銭の授受により成立する要物契約が原則ですが、当事者の合意のみで成立する諾成契約も認められるようになります。ただし、諾成契約の場合には書面や電磁的記録によることが必要です。

金銭消費貸借契約が成立するための要件

＜現行民法におけるルール＞

要物契約

当事者の合意	＋	金銭の交付	＝	契約の成立

＜改正民法におけるルール＞

①　要物契約

当事者の合意	＋	金銭の交付	＝	契約の成立

②　諾成契約（書面または電磁的記録）

当事者の合意	＋		＝	契約の成立

お金を貸し借りするための契約を**金銭消費貸借契約**と言います。

現行民法では、金銭消費貸借契約は、貸主が借主にお金を渡し、借主が貸主に弁済を約束することで成立します。つまり、お互いの約束だけではなく、現実にお金を渡すことが必要な契約（**要物契約**）で、合意だけで成立する売買契約等（**諾成契約**）とは異なります。

改正民法では、実際に貸主が借主にお金を渡し、借主が貸主に弁済を約束することで成立することのほか、書面や電磁的記録（インターネットを通じてのやりとり等）によって金銭消費貸借契約を締結したときには、金銭の授受をすることなく、お互いの合意だけで成立するとしています。合意だけの諾成的な契約で成立する消費貸借について、書面等を要するとしたのは、書面等を要求することで貸主または借主が軽率にお金の貸し借りの合意をすることを防ぐためです。

このような諾成契約である金銭消費貸借が認められると、必要以上に当事者を拘束しかねないケースもあることから、改正民法では、書面等で諾成的な消費貸借契約を締結した借主は、貸主から目的物を引き渡されるまでは契約の解除をすることができることとしています。

現行民法　587条
改正民法　587条・587条の２

賃貸借の契約期間が50年に！
――賃貸借(1)：期間

賃貸借(ちんたいしゃく)の契約期間を50年とすることが可能になるのでしょうか？

賃貸借の契約期間を50年と定めることができるようになります。

ポイントレッスン　賃貸借(1)：期間

賃貸借契約の期間は、これまでの最大20年から50年に伸ばせることになります。なお、50年を超えることはできませんが、その後50年以内の延長は認められます。

たとえば、貸主と借主の間で、借主が資材置場として利用するために、貸主が所有する土地を借主に賃貸し、その契約期間を25年とする合意をしても、現行民法では20年となってしまいます。なぜならば、現行民法では、賃貸借の契約期間（**存続期間**）は20年を超えることができないとされているからです。これは、あまりに長期間にわたる賃貸借は、貸主である賃貸物の所有者が使用することができなくなってしまうことや、長期間の土地利用を希望する場合には、債権契約である賃借権ではなく、地上権や永小作権などの物権を設定すればよいことなどが理由としてあげられています。もっとも、20年を経過しても、さらに20年を超えない範囲内で更新することは可能です。

一方、現代社会では、石油プラントの用地などのように、20年を超えるような長期間にわたる賃貸借のニーズがあるのも事実です。このような場合でも、物権である地上権ではなく、債権契約である賃貸借が多く用いられています。

改正民法では、このようなニーズに応えるために、賃貸借の存続期間を最長20年から50年にするとしています。もっとも、この場合でも、あまりにも長期間にわたる賃貸借を認めると、土地の所有者が土地を使用することができず、負担が重くなりすぎることを考慮して、賃貸借の存続期間の上限は50年を超えることができないとしています。ただし、現行民法と同様に、50年を経過しても、さらに50年を超えない範囲内で更新することは可能です。

現行民法　604条
改正民法　604条

3－㉘

敷金の取扱いが明確に！
――賃貸借(2)：敷金

Q 敷金とはどういうものでしょうか？

A 敷金とは、賃貸借における賃料債務等の借主の貸主に対する金銭債務を担保する目的で、借主が貸主に交付する金銭をいいます。

ポイントレッスン 賃貸借(2)：敷金

賃貸借の敷金の法的な性質を明らかにしたうえで、返還の時期は目的物の返還時であることや返還の範囲は借主の貸主に対する金銭債務を控除した残額であるということをルール化しています。

現行民法では、賃貸借における敷金とはそもそも何かという規定がなく、敷金が返還される時期や、返還される金額に関するルールもありません。それらについては、これまでの判例によって、その取扱いが示されてきました。

改正民法では、判例を条文化し、敷金の定義、敷金が返還される要件やその範囲等に関する規定が置かれています。

まず、敷金とは、いかなる名称であるかを問わず、借主が賃料債務などの貸主に対して負う**金銭債務を担保する目的**で、借主から貸主へ交付される金銭であるとしています。

借主が貸主に対して敷金の返還を請求できる時期は、原則として借主が借りていた物を貸主に返した時、たとえば建物の賃貸借でいえば、借りていた建物を明け渡した時ということになります。

借主が貸主に対して敷金の返還を請求できる範囲は、借主が貸主に対して、敷金として交付した金銭の額から賃貸借契約に基づき借主が貸主に対して負担した金銭債務の額を控除した残額となります。たとえば、借主が貸主に対して、10万円の敷金を交付したところ、賃貸借契約が終了し、借主が貸主に賃借物である建物を明け渡した時に、借主に1か月分の家賃3万円の滞納があった場合には、借主は貸主に対して、3万円を控除した7万円の敷金の返還を求めることができます。

改正民法　622条の２

3－㉙

有償の委任に新たなルール！
――委任

Q　委任契約の報酬はどのように支払われることになるのでしょうか？

A　報酬が支払われる有償の委任には、①事務処理をした割合に応じて報酬が支払われる場合（履行割合型委任）と②達成された成果に対して報酬が支払われる場合（成果達成型委任）があることが明確になります。

ポイントレッスン　委任

委任の報酬は、単に有償とする特約のほか、履行した割合による報酬と、請負に似た成果による報酬の特約を新たに設けています。

委任契約の報酬

通常の委任契約	無償（ただし、報酬の特約がある場合には有償）
履行割合型委任契約	①　委任者の責任でない事由によって委任事務の履行をすることができなくなったとき ②　委任が履行の中途で終了した時 →　履行の割合に応じた報酬の請求可
成果達成型委任契約	①　成果の引渡しが必要な場合 →　成果の引渡しと同時に報酬を請求可 ②　成果について引渡しを必要としないとき →　成果が完成した後に報酬の請求可 ③　委任者の責に帰することができない事由によって成果を得ることができなくなったとき →　すでにした委任事務処理による結果のうち可分な部分の給付によって委任者が利益を受ける時に限り、受任者は委任者が利益を受けた部分について報酬の請求可

委任とは、法律行為をすることを他人に依頼するという契約です。委任契約は、弁護士に訴訟を代理してもらう場合や、不動産を購入するときに不動産業者に代わりに契約をしてもらう場合などさまざまな場面で利用されています。ただし、委任契約は、報酬についての特約がない限り無償であるということになっていますが、実際のところ委任契約は**有償**(ゆうしょう)であることがほとんどです。

改正民法では、委任契約は無償を原則としながらも、報酬が支払われる委任について、**履行割合型委任**(りこうわりあいがたいにん)と**成果達成型委任**(せいかたっせいがたいにん)にわけて規定しています。

履行割合型委任とは、事務処理の労務が提供される委任について、提供された履行の割合に応じて報酬が支払われるとする特約があるものです。履行割合型委任契約については、委任者の責任によらない理由によって委任事務の履行をすることができなくなったとき、または委任が履行の途中で終了したときには、すでにした履行の割合に応じて報酬を請求することができるとされます。

成果達成型委任とは、成果が必要な請負契約と類似の契約とされ、報酬についても同様な規定が設けられます。すなわち、成果の引渡しが必要な場合は成果（物）の引渡しと同時に報酬を請求でき、引渡しを必要としないときには、委任事務の完成・完了後に報酬の請求をすることができるとされます。さらに、委任者の責任によらない理由によって成果が得られなかった場合、一部の引渡しでも委任者が利益を得たようなときには、それに応じた報酬の請求ができることとされます。

現行民法　648条
改正民法　648条・648条の2

PART 4

「改正民法」このあたりも気になる！

このパートでは、改正民法に関連して気になるポイントを説明します。

4－①

改正が見送られた主な事項とは？
――未改正事項

Q 今回、改正が見送られた事項には、どのようなものがあるのでしょうか？

A 契約交渉段階における規律、暴利行為、事情変更の法理や債権譲渡登記の一元化など、多くの論点で改正が見送られました。

ポイントレッスン　未改正事項

当初に示された改正検討項目からコンセンサスが得られなかったものについて、今回は改正が見送られました。ただし、一定の議論を経た内容については今後の実務にも影響を与えるものとなりそうです。

当初、掲げられていた項目のうち、今回の改正で見送られた論点は多数あります。

たとえば、

① 契約交渉段階から一定の情報を提供しなければならないとする契約交渉段階における規律

② 判例で認められている暴利行為(ぼうりこうい)を公序良俗(こうじょりょうぞく)違反の一類型として無効とする規律

③ 当事者が全く想定もしなかったような事態が起きてしまったような場合に契約を解除できるとする事情変更の法理

④ 債権譲渡の対抗要件制度(たいこうようけんせいど)を登記に一本化するという仕組み

⑤ 主債務(しゅさいむ)が問題なく履行(りこう)されている間に保証人が死亡すると相続人が知らない間に保証債務を相続してしまう問題への対応

などです。

民法の改正は、さまざまな立場の人たちに大きな影響を及ぼすものですから、慎重な議論の末、改正が見送られた論点は、現時点での賛同が得られにくいと判断されたものといえます。

しかしながら、改正に向けた議論の中で、現在の法律の解釈の到達点が確認され、多くの方々が深く検討したことは間違いないので、今回、改正が見送られた事項も、今後の実務に一定の影響を与えることになると思われます。

現行民法と改正民法どっちが適用？
——経過措置（附則）

Q

改正民法の施行の前後の取扱いはどうなっているのでしょうか？

A

改正民法の施行の前後で現行民法が適用されるのか、それとも改正民法が適用されるのか問題になるケースも少なくないと思いますが、基本的な考え方は、施行の日より前は現行民法が適用され、施行の日より後は改正民法が適用されるということになります。

ポイントレッスン　経過措置（附則）

この改正の施行に際して、施行日より前は現行民法が適用され、施行日より後は改正民法が適用されるのが基本ですが、その取扱いに関しては、例外を含め改正民法の「附則」に定められています。

基本的な考え方を常に適用すると予期しなかった不都合などが生じるケースもあり、一定の調整を**経過措置**（けいかそち）として改正民法の「**附則**（ふそく）」に定めています。

改正民法が平成32（2020）年４月１日（以下、年は省略し、単に月日で表記します）に施行されますが、いくつか具体的な例をあげて確認してみます。

まず、変動制になる法定利息（3－⑦／P34）ですが、改正民法が適用されるのは、利息が発生する債権が４月１日より前に生じたものかどうかで決まります。たとえば３月31日に生じた債権の法定利息は、現行民法の固定制の原則５％であり、４月１日に生じた債権の法定利息は、改正民法の変動制の３％となります。つまり、もともとの債権の発生時が基準ということになります。これは、経過措置の基本的な考え方に合致するものといえます。

次に、保証契約前の公正証書作成の義務化（3－⑪／P42）ですが、４月１日以降に締結される保証契約に適用されます。もっとも、この公正証書は、保証契約締結の日前１か月以内に作成することになっていますから、施行の日より前である３月１日から作成が可能となります。これは、経過措置の基本的な考え方を採用しつつ、実際の運用のための手当を加えているものといえます。

そして、改正民法で新たに加わる定型約款（3－㉑～㉓／P62～67）ですが、４月１日より前の定型約款に該当する取引にも原則として適用されます。これは、現時点の定型約款も改正民法の適用を受けることになり、経過措置の基本的な考え方の例外といえます。

4－❸

他の法律への影響は？
――整備法

Q 基本法である民法が改正されると他の法律にも相当の影響があると思いますが、どのような手当がなされているのでしょうか？

A 改正民法により影響を受ける他の法律については、改正民法と同時に成立した、いわゆる「整備法」で手当がなされます。

ポイントレッスン　整備法

改正民法の施行により影響を受ける法律は少なくありませんが、それらの法律の修正は、「整備法」で必要な手当がなされています。

「**整備法**」というのは、正式な法律名ではありませんが、他の法律に影響を与えるような基本的な法律の制定や改正がなされたときに制定されます。ちなみに、平成18（2006）年に施行された会社に関する基本法である会社法にも「整備法」が制定されました。

改正民法でも、「民法の一部を改正する法律の施行に伴う関係法律の整備等に関する法律」（＝本整備法）が制定され、改正民法と同時に施行されます。

本整備法は、全部で216の法律が対象となっており、会社法や不動産登記法も含まれています。

中味に目を転じてみますと、改正民法の法律条文（番号）に合わせた準用条文（番号）や用語の見直しによる形式的な修正が大半です。

一方で、改正民法で実質的に内容が変更になったものについては、それに合わせた変更が必要になります。たとえば、「買戻しの特約」といって、不動産の売買で契約時に特約を設けることで、売主がその不動産を買主から買い戻すことができるという制度ですが、現行民法ではあくまで売買契約における売買代金により買い戻すことしか認められておらず、現行の不動産登記法もそれに合わせて、登記事項として売買代金を登記することになっています。

これを改正民法では売主と買主の合意による金額でも買い戻せることとした関係で、合意による金額を定めた場合にはその金額を登記するという不動産登記法の改正が本整備法で定められています。

アフターチェックとケアも忘れずに！
――附帯決議

Q 改正民法の成立に際して、国会で運用等に関する留意点などが示されたのでしょうか？

A 国会では、保証や定型約款を中心に、改正民法における今後の配慮すべき事項について、「附帯決議（ふたいけつぎ）」がなされています。

ポイントレッスン　附帯決議

改正民法における国会の附帯決議では、国民への周知を徹底することとともに、個人保証や定型約款を中心に今後の動向のチェックとケアを求めています。

そもそも**附帯決議**とは、衆議院・参議院の委員会が法律案を可決する際に、委員会として、法律の運用や将来の立法による改善に関する意見などを表明するものです。附帯決議には法的な拘束力はありませんが、政府はこれを尊重し、無視することはできないとされています。

改正民法については、衆議院の法務員会では６項目、参議院の法務委員会では12項目の附帯決議がなされていますが、まず、民法の改正の重要性を踏まえ、改正民法に関する国民への広報を充実させ、周知徹底に努めることを求めています。

具体的な事項としては、大きく見直しがなされた保証のうち、とりわけ個人の保証人の保護を図るための仕組み（3－⑪／P42）について、適切な実務対応がなされることを求めています。また、新たに設けられた定型約款（3－㉑～㉓／P62～67）について、適切な解釈・運用がなされることを求めています。さらに、改正民法では立法化が見送られた、弱い立場の人をおとしいれるような、いわゆる「暴利行為」は公序良俗違反により無効とする規定について、今後の状況を見て、あらためて立法化を検討すべきであるとしています。

その他には、職業別短期消滅時効廃止（3－④／P28）の影響、中間利息控除の利率（3－⑧／P36）のあり方、譲渡制限特約付債権譲渡（3－⑭／P48）の効果、諾成型金銭消費貸借の運用（3－㉖／P72）に関して附帯決議がなされています。

ほかにもある！ 民法の改正
――相続法ほか

Q 「債権法」以外で民法の改正の動きはあるのでしょうか？

A いわゆる成年年齢の引下げや相続法については間もなく国会に法案が提出されるようです。また、特別養子についての見直しの議論も本格化される模様です。

ポイントレッスン 相続法ほか

「債権法」の改正以外にも、「成年年齢」、「相続法」、「特別養子」といったように私たちの生活に密接に関係する民法の改正のための検討が行われています。

民法は私たちの生活やビジネスの基本となる法律ですので、社会の状況等を踏まえ、現在、以下のような改正の作業が行われています。

1．成年年齢

現行民法では成年年齢を20歳としていますが、それを18歳に引き下げる民法の改正法案が間もなく、国会に提出される見通しです。なお、民法の改正に先立って、平成28（2016）年6月から施行された改正公職選挙法により選挙権年齢は20歳から18歳に引き下げられています。

2．相続法

現行民法における相続法制は、第2次世界大戦後に大改正が行われましたが、今回はそれ以来の大きな見直しとなりそうです。平成27（2015）年に法制審議会で議論が開始し、改正法案が間もなく国会に提出される見通しです。

具体的には、①配偶者の居住権の保護、②預金等の可分債権の遺産分割の取扱い、③自筆証書遺言の方式の緩和、④遺留分の法的性質の修正、⑤相続人以外の者の貢献への考慮などが改正の項目としてあがっています。

相続は誰にも関係することですので、その動向には注目が必要です。

3．特別養子

実親が育てることができない事情のある子どもを戸籍上の「実子」と同じ扱いにする特別養子制度について、養子となることができる対象年齢を現在の6歳未満から引き上げるなどの検討がなされており、今後、民法の改正につながる本格的な議論が開始されることになるようです。

さくいん

参考となる書籍・web情報

民法の債権法改正について、有用かつ入手しやすい書籍とweb情報をご紹介します。本書とあわせてご参照いただければ、より理解が深まると思います。

<書籍>

*『民法（債権関係）改正と司法書士実務』日本司法書士会連合会編（民事法研究会、2017）

*『Q&Aでマスターする民法改正と登記実務』東京司法書士会民法改正対策委員会編（日本加除出版、2016）

<web>

*日本司法書士会連合会
「民法（債権法）の改正について～みなさんの日常生活に関係する法律の改正が検討されています～」
http://www.shiho-shoshi.or.jp/activity/kikan/2716/

*法務省　法制審議会—民法（債権関係）部会
http://www.moj.go.jp/shingi1/shingikai_saiken.html

編者・著者等紹介

◆編者

日本司法書士会連合会

1927年（昭和２年）11月設立。各都府県に１つと北海道に４つの合計50の司法書士会を会員とする組織。

司法書士法によって定められた団体で、「司法書士会の会員の品位を保持し、その業務の改善進歩を図るため、司法書士会及びその会員の指導及び連絡に関する事務を行い、並びに司法書士の登録に関する事務を行うことを目的（司法書士法62条）」としている。

債権法改正については、当初から司法書士の専門的知見を発揮すべく精力的に研究・検討に取り組むとともに、情報発信や周知啓発に関する活動を行っている。

◆著者

鈴木　龍介（すずき　りゅうすけ）

司法書士（東京司法書士会）

現在

司法書士法人鈴木事務所　代表社員

日本司法書士会連合会　民事法改正対策部　部委員

リスクモンスター株式会社（東証２部上場）　社外取締役

慶應義塾大学法科大学院　非常勤講師

税務大学校　講師

主な著書等

『議事録作成の実務と実践』（編著、第一法規、2017）

『動産・債権譲渡登記の実務（第２版）』（共著、金融財政事情研究会、2016）

『会社法務書式集（第２版）』（共著、中央経済社、2016）

◆校閲

福永　修（ふくなが　おさむ）

司法書士（福岡県司法書士会）
現在
プラス事務所司法書士法人　社員
日本司法書士会連合会　民事法改正対策部　部委員
主な著書等
『民法（債権関係）改正と司法書士実務』（共著、民事法研究会、2017）

『民法改正でくらし・ビジネスはこう変わる！』著者（50音順）

赤松　茂　（司法書士・静岡県司法書士会）
伊藤　博英　（司法書士・大阪司法書士会）
奥西　史郎　（司法書士・東京司法書士会）
齋藤　毅　（司法書士・静岡県司法書士会）
齊藤　幹　（司法書士・秋田県司法書士会）
鈴木　龍介　（司法書士・東京司法書士会）
初瀬　智彦　（司法書士・東京司法書士会）
福永　修　（司法書士・福岡県司法書士会）
藤井　浩一　（司法書士・神奈川県司法書士会）
吉田　結貴　（司法書士・兵庫県司法書士会）

装　　丁：志岐デザイン事務所
イラスト：カワチ・レン

民法改正　ここだけ押さえよう！

司法書士が「債権法改正」をやさしく教えます

2018年4月10日　第1版第1刷発行

編　者　日本司法書士会連合会
発行者　山　本　継
発行所　㈱中央経済社
発売元　㈱中央経済グループパブリッシング

〒101-0051　東京都千代田区神田神保町1-31-2
電話　03（3293）3371（編集代表）
03（3293）3381（営業代表）
http://www.chuokeizai.co.jp/
印刷／三英印刷㈱
製本／㈲井上製本所

＊頁の「欠落」や「順序違い」などがありましたらお取り替えいたしますので発売元までご送付ください。（送料小社負担）

ISBN978-4-502-26651-5　C3032